QUELQUES RÉFLEXIONS

RELATIVEMENT A LA LIBERTÉ

DES

THÉATRES EN PROVINCE,

Par G. BÉNÉDIT,

Professeur de Chant et de Déclamation au Conservatoire,

MEMBRE DE L'ACADÉMIE DE MARSEILLE.

Prix : **50** centimes.

MARSEILLE.
TYP. ET LITH. BARLATIER-FEISSAT ET DEMONCHY,
RUE VENTURE, 19.

1864.

QUELQUES RÉFLEXIONS

RELATIVEMENT A LA LIBERTÉ

DES THÉATRES EN PROVINCE.

QUELQUES RÉFLEXIONS

RELATIVEMENT A LA LIBERTÉ

DES

THÉATRES EN PROVINCE,

Par G. BÉNÉDIT,

Professeur de Chant et de Déclamation au Conservatoire,

MEMBRE DE L'ACADÉMIE DE MARSEILLE.

Prix : 50 centimes.

MARSEILLE.
TYP. ET LITH. BARLATIER-FEISSAT ET DEMONCHY,
RUE VENTURE, 19.

1864.

A MONSIEUR HALANZIER,

DIRECTEUR DES THÉATRES DE MARSEILLE.

SOUVENIR AFFECTUEUX.

E. Bénédit.

QUELQUES RÉFLEXIONS

RELATIVEMENT A LA LIBERTÉ

DES THÉATRES EN PROVINCE.

Les personnes qui daignent accorder quelque attention à nos revues musicales et dramatiques, nous rendront cette justice que nous avons depuis longtemps pris part à la question de la liberté des théâtres, destinée à recevoir bientôt une solution.

Seulement, à propos de cette mesure importante et si vivement désirée, les choses se présentaient à notre esprit sous un jour opposé à celui de bien des gens, car alors que ceux-ci penchaient pour une réforme administrative, nous nous déclarions pour une réforme artistique.

De quoi s'agit-il, disions-nous, et à quelles causes les théâtres lyriques doivent-ils imputer le malaise qui les tourmente? N'est-ce pas à la rareté des chanteurs, dont les appointements excessifs rendent presque toutes les directions impossibles, malgré l'appui de subventions considérables? N'est-ce pas au déclassement des voix poussées de plus en plus au-delà des bornes naturelles, et au peu d'extension donné à l'enseignement musical? Si le gouvernement, qui s'occupe avec un si grand zèle de relever l'art théâtral, au lieu de s'en tenir à de vaines théories eût doublé le nombre de ses pensionnaires du Conservatoire de Paris, fixé à douze seulement, depuis près d'un siècle, alors que la population de la capitale comptait à peine six cents mille âmes; s'il eût employé son influence à créer des écoles en province, n'est-il pas évident que les sujets auraient augmenté dans de très larges proportions? Conçoit-on, par exemple, que Lyon, Bordeaux, Rouen et autres grandes villes n'aient pas encore un Conservatoire et que jamais un intendant officiel ne vienne dans les départements remplir l'office du marquis de Corci, c'est-à-dire y chercher et y découvrir quelque belle voix !.....

Eh bien ! on nous croira si l'on veut, mais la réforme théâtrale était tout entière dans ces réflexions, dont la mise en œuvre aurait eu sur les théâtres lyriques les meilleurs résultats, nous en sommes certain. En les dédaignant, ou plutôt en ne leur accordant qu'une attention distraite, on a perpétué les abus, et les choses en sont arrivées à ce point qu'il a fallu en appeler à la liberté des théâtres, avec laquelle on a cru remédier à tout.

Maintenant, qu'adviendra-t-il de cette liberté? L'appliquera-t-on sans restriction dans toute son étendue? Sera-t-elle réglementée? Avec elle les subventions seront-elles supprimées ou maintenues? Dans la première de ces hypothèses, qui nous paraît la plus logique, si l'on convient qu'une subvention, si minime qu'elle soit, est un privilége déguisé, ennemi de toute concurrence, et que sans la concurrence il n'est pas de liberté réelle, dans la première hypothèse, disons-nous, voici ce qui doit arriver indubitablement :

Les directeurs de province, non privilégiés et non subventionnés, assembleront chacun leurs artistes lyriques et leur tiendront à peu près ce langage :

« Bonjour, mes chers enfants ; comment cela va-t-il ?

bien, n'est-ce pas ? tant mieux. Il est à regretter que nos affaires n'aillent pas de même. Prenez des siéges, approchez-vous et causons de bonne amitié.

« Vous savez, comme moi, ce qui arrive ? Que pensez-vous de cette tuile ? — Une tuile ? dites plutôt une cheminée. — Une cheminée, soit. Il n'en est pas moins vrai que nos ressources vont être singulièrement réduites. D'une part, le conseil municipal supprime toute subvention ; de l'autre, les établissements publics et les spectacles de curiosité, tels que cafés, casinos, manéges et concerts, n'étant plus forcés désormais à aucune redevance envers nous, cette somme annuelle, qui fluctuait entre trente et quarante mille francs, ajoutée à celle de la subvention évanouie, forme à peu près le chiffre de cent mille écus, en dehors de la concurrence, dont l'infatigable activité et le flot envahissant doit grever notre passif d'une manière effrayante. Dans cette alternative, qu'est-il besoin de vous l'apprendre, mes chers enfants, tout équilibre dans les finances est rompu, et, dès lors, le théâtre, tel qu'il est constitué de nos jours, aura fait son temps, si une notable réduction dans les dépenses ne lui permet de continuer sa marche ordinaire vers les régions du *si bemol* et de *l'ut* de poitrine.

« Les logiciens et les économistes, hommes savants s'il en fut, prétendent qu'une industrie commerciale ou artistique, ayant pour but d'amuser ou de flatter les goûts du public, doit se soutenir par elle-même, comme cela, du reste, existait autrefois. Ont-ils raison ou tort ? Je laisse la question en litige. Toujours est-il qu'à cette époque, il y a de cela trente ou trente-cinq ans (vous voyez que la chose ne remonte pas au déluge, et vous me permettrez de vous la raconter, ne fut-ce qu'au point de vue historique, sur lequel vous n'êtes par très édifiés je crois) ; à cette époque, le théâtre en province ne touchait pas un sou de subvention. Le public seul soutenait cette entreprise, en exercice depuis le 1er janvier jusqu'au 31 décembre, sans interruption aucune. On y jouait tous les genres : la comédie, le vaudeville, le grand-opéra, l'opéra-comique et le ballet; ce qui permettait d'offrir aux habitués des spectacles charmants, préférables à ceux de nos jours, où les représentations roulent uniquement sur un nombre très limité d'opéras usés jusqu'à la trame.

« Vous désirez savoir peut être quels étaient les ouvrages représentés jadis au Grand-Théâtre ? Là dessus je m'empresse de satisfaire à votre impatience, mes excellents amis. Ces ouvrages s'appelaient, pour le drame lyrique : *Orphée, Alceste, Iphigénie en Aulide, Armide, Anacréon, La Vestale, Didon, Fernand Cortez, OEdipe, La Muette, Le siége de Corinthe*, tandis que l'opéra comique réunissait les œuvres complètes de Monsigny, Gretry, Dalayrac, Méhul, Niccolo, Berton, Boieldieu ; ce qui donnait un total tout aussi respectable que le genre de la tragédie et de la comédie, où l'on voyait paraître alternativement Corneille, Racine, Molière, Regnard, Destouches, Picard, Hauteroche, Marivaux, etc. Quant aux ballets montés d'une manière splendide, avec des décorateurs, tels que Gonsalve et Caglari, c'étaient : *Les amours de Vénus, Psyché, Almaviva et Rosine, Astolphe et Jocon-*

de, *La fille mal gardée*, et tant d'autres qu'il ne faudrait pas comparer aux ballets dérisoires de messieurs les chorégraphes de la province, dont l'intelligence féconde ne distingue pas toujours la qualité de la quantité.

« Dès-lors, et par suite de cette organisation, vous le devinez sans peine, le répertoire d'un chanteur ou d'un comédien, laissons de côté la danse, se composait de quarante à cinquante rôles, au moins, et sa garde-robe d'un nombre illimité de costumes. Il y avait, comme aujourd'hui, la basse-taille noble, la basse-taille comique, le Laïs, le Martin, la forte-chanteuse, la Dugazon et la chanteuse légère, mais on ne connaissait pas les ténors légers, le même sujet tenait les deux emplois, comme on l'a vu naguère encore, avec des artistes jouant vingt-cinq fois par mois, sans indemnité aucune, à la réquisiton du directeur.

« Cela vous étonne, sans doute, mes virtuoses chéris? (Ce sont toujours les directeurs qui parlent.) Que serait-ce donc si vous connaissiez le taux des appointements des chanteurs voués à cette rude besogne? Voyons, je vous le donne à deviner; ou, plutôt, pour ne pas vous faire plus longtemps attendre, sachez qu'en 1828 ou 29 le maximum des honoraires de ces artistes n'était pas de quarante, de vingt, de dix mille francs, comme vous pourriez le croire, mais de six mille francs par an, 500 francs par mois, ni plus ni moins. Andrieux, à Rouen; Richeval, à Lyon, et Lafont, le ténor du Grand-Opéra, le même qui créa la *Dame Blanche* à Marseille, s'ils vivaient encore, pourraient vous en donner l'assurance. Cinq cents francs par mois pour vingt-cinq représentations, qu'en dites-vous, mes braves pensionnaires ? Nous avons marché depuis, un peu trop peut-être, car il a fallu tirer bien des carrotes à la ville (excusez le mot) pour satisfaire vos exigences, qui, soit dit entre nous et confidentiellement, nous ont un peu fourré dans le guépier.

« Cependant comme les subventions vont être supprimées, et que nous voilà désormais réduits à la portion congrue, c'est-à-dire livrés à nos propres ressources, il faudrait, pour rétablir l'équilibre dans le *doit et l'avoir* de l'entreprise, régler le chiffre proportionnel de vos salaires sur la différence présumée qui existe entre les budgets d'autrefois et ceux des théâtres d'aujourd'hui. Or, en admettant que ce chiffre soit doublé, triplé à la rigueur de part et d'autre, et que vos dépenses personnelles aient suivi la même ligne ascendante, il résulte que ces appointements de 500 francs accordés aux premiers sujets, parmi lesquels on comptait jadis les premiers rôles de la comédie, payés à l'égal des premiers ténors, représentent de nos jours une somme de 1,500 francs par mois. Cette offre vous agrée-t-elle ? Vous valez mieux, n'est-ce pas ? Eh bien ! pour le prouver et confondre vos détracteurs, faites-en l'expérience. Réunissez-vous en société, exploitez pour votre compte pendant une année entière ; de cette façon, vous saurez exactement la valeur de votre mérite ! Mais non, vous préférez partir ingrats, quitter la France, aller à l'étranger, où vous trouverez le Pactole avec vingt degrés de froid ou quarante degrés de chaleur, accompagnés du choléra et de la peste ? Loin de moi la pensée de blâmer un si héroïque projet. Néanmoins, dans la douleur qui me saisit à l'approche de notre séparation, je ne puis m'empêcher de dire d'une voix émue et les yeux mouillés de larmes :

> Vous voulez, dites-vous, aller à l'étranger,
> Et dans l'enivrement de ce beau jour de fête,
> Vous vous éloignerez peut-être sans songer
> Que votre directeur vous aime et vous regrette :
> Vers la Chine, en Russie ou bien dans le Levant ;
> Allez, voguez en paix, qu'Eole vous conduise
> Et si, selon mes vœux, ce dieu vous favorise,
> Veuillez penser à moi souvent.

Telles sont, chers lecteurs, les conséquences naturelles de la première hypothèse dont nous avons parlé au début de cet article. Pour ce qui est de la seconde, en supposant que les subventions soient maintenues, et avec elle les errements, les excentricités et les abus que l'on veut détruire, alors ce ne sera plus deux cents mille francs dont on aura besoin pour soutenir le théâtre actuel, mais quatre cent mille, si l'on songe qu'il faudra remplacer les redevances auxquelles ne seront plus soumis les cafés-concerts et autres établissements publics, et compenser le dommage forcément inévitable amené par la concurrence.

Il est vrai qu'à ces objections concluantes, bien des gens répondent à la manière de Bazile, qu'il ne faut pas lésiner sur les frais, et qu'une grande ville de province dans l'intérêt de son honneur artistique, doit assurer quand même l'existence de son théâtre musical, dût-elle y dépenser jusqu'à son dernier sou....

A notre avis, l'honneur des villes dont on parle brilleraient d'un bien plus vif éclat, si leurs habitants soutenaient eux-mêmes de leur bourse l'art et les artistes dans un genre qui ne peut vivre, il faut le reconnaître, qu'à l'aide d'aumônes et de secours. Est-on bien venu à se poser en pays connaisseur et faire trophée d'une grande réputation musicale, lorsqu'on abandonne les destinées de son théâtre aux largesses d'un Conseil municipal ? A qui fera-t-on croire que le genre lyrique est le genre aimé, préféré, recherché de la foule, lorsque dans des localités de trois à quatre cent mille âmes, non compris la population flottante, les salles de spectacle sont le plus souvent à moitié vides, même les jours où l'on représente les chefs-d'œuvre de nos plus grands compositeurs? Pour que cela fût vrai, il faudrait voir le théâtre comble chaque soir avec n'importe quels ouvrages, de cette manière on ferait mille écus de recette, moyen éloquent de prouver sa compétence en matière musicale, et de couper court à toute subvention.

Jusque là l'on aura beau dire et beau faire pour nous convaincre. Au lieu de convenir que le genre lyrique répond aux plaisirs du plus grand nombre, nous persisterons à croire le contraire. Dès lors, pourquoi faire contribuer l'immense majorité d'une population à l'agrément d'un petit nombre d'amateurs ?

D'ailleurs, voit-on les théâtres de comédie, de vaudeville et de drame mendier et tendre la main pour subsister ? Leurs artistes sont-ils moins instruits, moins intelligents, moins habiles que les chanteurs ? Pèchent-ils par défaut de zèle ? Toujours sur la brèche, durant l'année entière, que d'ouvrages nouveaux ne jouent-ils pas dans l'espace de douze mois !... Pour ces artistes, il n'est ni trêve ni repos, et c'est d'eux qu'on pourrait dire avec juste raison :

L'été n'a point de feux, l'hiver n'a point de glaces, sans parler des frais de toilette, très considérables, chez les dames surtout, selon les pièces qu'elles représentent et qui nécessitent parfois de nombreux costumes et de riches ajustements.

Mais, dira-t-on, le genre vocal n'est-il pas plus difficile et plus fatiguant que l'art de la parole ? Ceci, à notre avis, est une vérité admissible jusqu'à un certain point. Il est telle scène parlée qui exige plus de style, de finesse, d'énergie et d'entraînement que bien des morceaux de musique réputés les plus forts du répertoire moderne. Et puis, qui impose aux chanteurs ces violences, ces brutalités d'exécution, ces excès, en un mot, qui détruisent en peu de temps les meilleures et les plus solides voix ? Existe-t-il une clause dans leurs engagements qui les force à crier à tue-tête, au point de se disloquer le larynx et de se briser les poumons ? Est-ce ainsi que chantaient à l'Opéra les plus *sensés* parmi les plus illustres virtuoses ? Si les interprètes du théâtre lyrique d'aujourd'hui savaient employer toutes les ressources, tous les artifices de la méthode ; s'ils connaissaient à fond l'accord et l'entente des registres conservateurs, au lieu de chanter pendant dix ans, ils auraient une bien plus longue carrière. Mais non, la soif des ovations, décernées trop souvent par le public, les pousse hors des limites, et alors ils sacrifient aux effets matériels, l'intelligence, le goût, l'esprit, le sentiment du drame et jusqu'à leur propre existence, sans aucun profit pour l'art dont ils se disent les soutiens.

C'est pourquoi si, contre toute attente, les villes de province votent de nouveau ces subventions, à qui l'on peut attribuer la décadence de nos théâtres, nous ne saurions trop les adjurer de réhabiliter la comédie, ce genre noble, savant, spirituel, instructif, qui, après tout, est le théâtre lui-même dont la musique n'est que l'accessoire et le brillant ornement. N'est-il pas, en effet, barbare, scandaleux, inouï, d'avoir supprimé de nos grandes scènes, qui l'abritaient encore il y a quinze ans à côté du genre lyrique, la haute comédie où réside le génie de la langue française avec toutes ses finesses et ses beautés, cette langue admirable en général si dédaignée et si peu respectée des chanteurs ? Ah ! disons-le, à mesure que les chefs-d'œuvre littéraires se sont éloignés de nous, le théâtre a vu surgir d'intolérables abus. C'est alors qu'au mépris du bon sens et du goût, les habitudes du théâtre italien ont prévalu en France, où l'on voit chaque soir nos représentations bouleversées par des applaudissements excessifs, des rappels ridicules et des ovations extravagantes, dont le moindre inconvénient est de détruire l'illusion sans laquelle il n'est point d'intérêt possible dans une œuvre dramatique. Ce n'est certes pas à cette école que se sont formés les grands artistes d'autrefois ; ils se seraient passés volontiers d'applaudissements toute leur vie avant d'oublier un seul instant le respect qu'un acteur doit au public et se doit à lui-même. Quel étonnement n'éprouveraient-ils pas, ces grands artistes, s'ils voyaient en scène un héros, tombé sous le fer ou le poison, venir saluer aussitôt l'assemblée, et prouver, par ses gestes affectueux et reconnaissants, qu'il se porte à merveille et qu'on l'avait tué pour rire. Est-ce bien de pareils artistes qui auraient interrompu une scène idéale où la passion transporte les personnages aux plus hautes sphères de la poésie, pour venir ramasser un bouquet? Les aurait-on vus, pendant une situation émouvante, descendre du donjon d'une citadelle et briser les verroux de leur cachot dans l'unique but d'échanger quelques politesses avec leurs enthousiastes auditeurs ? Non, ce n'est pas au temps où florissait la comédie que se seraient produites, sur nos théâtres, de pareilles énormités ; car dans la comédie ont toujours vécus étroitement unis ensemble : la réserve, le goût, la dignité, la tenue et les convenances de la scène, qualités éminentes qui firent la gloire du Théâtre et la réputation légitime d'un si grand nombre d'acteurs. « Savez-vous comment j'ai formé Elleviou et Gavaudan, nous disait un jour M. Berton, l'auteur d'*Aline* et de *Montano* ? en leur faisant étudier conjointement, avec l'art musical, celui de la parole dans les chefs-d'œuvre du Théâtre-Français, où je les conduisais deux fois par semaine. »

Et puisque nous avons nommé les deux plus grandes illustrations de l'opéra comique, pourquoi n'inviterions-nous pas l'autorité dans les provinces à faire reprendre la plupart des chefs-d'œuvre anciens de l'opéra-comique, qui procèdent naturellement de la comédie ? Ce serait peut-être un moyen de plus de réhabiliter le goût musical si sérieusement compromis. Oserait-on affirmer, par exemple, que Grétry, Méhul, Dalayrac, Nicolo, Boïëldieu n'auraient aucune attraction sur le public, et que des ouvrages tels que : *Zémire et Azor*, *Richard*, une *Folie*, *Joconde*, *Maison à vendre*, *Picaros et Diego*, *Adolphe et Clara*, *Ma Tante Aurore*, le *Nouveau Seigneur*, les *Voitures versées*, en compagnie des plus jolies partitions modernes, ne composeraient pas des spectacles, qu'on nous permette de le redire, tout aussi intéressants et surtout aussi amusants que ceux dont on nous sature aujourd'hui ? Ensuite, cela aurait un avantage, celui de faire connaître à la génération actuelle les œuvres anciennes, qu'elle ignore entièrement et qu'elle accepterait avec plaisir sans doute au même titre que des œuvres nouvelles, s'il est vrai, comme le dit spirituellement Rivarol, « qu'il n'y a de neuf que ce qui est oublié. »

Mais, en nous berçant de cet espoir, une pensée nous attriste, c'est de songer qu'une réforme si utile n'a trouvé en général, chez nos confrères de la presse française, qu'une bien faible protection. Presque tous ont parlé plus ou moins longuement en faveur des théâtres lyriques, et, dans ce concert unanime, quelques faibles voix ont à peine osé soutenir la comédie, qui aurait dû former la base de leurs dissertations. Comment ! les critiques parisiens, qui traitent et discutent avec un si grand talent, avec une si incontestable autorité, toutes les questions littéraires et dramatiques, n'ont-ils pas compris que du jour où la comédie a disparu de nos spectacles le théâtre a dégénéré ? Ignorent-ils que lorsqu'un genre étouffe, absorbe, anihile tous les autres à son profit, l'équilibre est détruit dans la machine théâtrale, et faut-il que ce soit un de leurs confrères, le plus infime et le plus obscur de tous peut-être, qui leur démontre cette vérité ? Voyez plutôt ? Jadis, lorsque tous les genres étaient représentés sur toutes les scènes de la province, un chanteur venait-il à être subitement indisposé, cela ne changeait en rien l'économie de la soirée ; on formait un spectacle avec une comédie suivie d'un grand ballet, et le public venait assister à la représentation sans que la recette diminuât d'un centime. En est-il de même aujourd'hui ? nous en appelons aux habitués de nos théâtres? Combien de relâches n'ont-ils pas subis par suite d'un rhume du premier ténor ou de la chanteuse légère ? Il faut donc, nous ne saurions trop y revenir au risque de fatiguer nos lecteurs, et dans l'hypothèse où les villes de province continueraient à vivre sous le régime des subventions, il faut indispensablement que les conseils municipaux, chargés des deniers de la ville, les distribuent d'une manière équitable entre les divers genres destinés à faire vivre un théâtre, y compris, bien entendu, le plus utile, le plus intéressant, le plus instructif, celui de la comédie ; car si nous avons de tout temps reconnu ce qu'il y a de pompe magistrale, de grandeur et d'enchantements dans un bel opéra, nous avons soutenu de tout temps aussi l'art de la diction, cet art merveilleux, dans lequel ont excellé Talma, Mlls Mars, Mlle Rachel, et tant d'autres artistes, l'honneur et la gloire de la France.

Du reste, les provinces ne feraient en cela que suivre l'exemple de la capitale. En subventionnant l'Académie impériale et l'Opéra-Comique, le gouvernement ne protége-t-il pas de même l'Odéon et le théâtre de la rue Richelieu? Il est, nous le savons, quelques partisans intraitables de la décentralisation, qui n'approuvent pas ces munificences et voudraient les voir supprimer du budget de l'Etat. Tel n'est pas notre désir. Paris est le sanctuaire du génie, le rendez-vous de toutes les illustrations, de tous les artistes modèles, pour qui le suffrage de cette capitale est la consécration suprême, eussent-ils remporté des succès aux quatre coins de l'univers. «Paris, disions-nous dans un discours, prononcé il y a bien des années à l'Académie de Marseille, Paris est le centre universel de l'intelligence et du goût. Tout ce qui sort de la ligne commune a droit d'asile dans cette éminente capitale, dont le rayonnement splendide fait éclore les grandes œuvres inspirées; dans cette ville exceptionnelle, nommée, à juste titre, la première entre toutes, on ne peut faire un pas sans coudoyer un talent illustre, sans trouver un exemple à suivre, une conversation instructive à recueillir. Là, les beaux-arts et la science sont représentés comme dans un vaste musée où se donnent la main les chefs-d'œuvre de tous les âges, de toutes les époques, depuis l'antiquité jusqu'à nous, si bien, que pour une organisation d'élite, trois semaines de séjour, au milieu de ce foyer incomparable, valent mieux que dix années entières passées en province, dans les meilleures études, à côté des plus savants professeurs. »

La province, on le voit, n'étant point placée dans les mêmes conditions, ne saurait prétendre aux mêmes avantages. Ce qu'il est permis de tenter, dans son intérêt, nous l'avons dit au début de cet article, et la chose est fort simple : c'est d'augmenter le nombre des pensionnaires au Conservatoire de Paris, fixé invariablement à douze; donner à l'art musical le plus grand essor possible en ouvrant des écoles de musique et de déclamations dans les plus petites localités des 89 départements de la France.

De cette façon le nombre des chanteurs augmentera, il n'en faut pas douter, et la concurrence, une fois établie entre eux, ils fixeront le prix de leur talent à des conditions assez raisonnables, pour que les directeurs puissent les payer, sans imposer à la ville des subventions exorbitantes.

Après cela, si les compositeurs veulent écrire leurs ouvrages dans une étendue normale et en rapport avec le caractère respectif des diapasons, tels qu'ils furent classés par la grande école italienne de Rossini, c'est-à-dire sans vouloir établir une lutte entre la voix humaine et les voix formidables de l'orchestre, eh bien! alors, les choses se rétabliront naturellement, et la réforme tant désirée s'accomplira d'elle-même. On le voit, nous indiquons le remède après avoir signalé le mal.

Dans cette étude rapide, où se trouve traitée, dans toutes ses parties, la question des théâtres en général, nous n'avons guère pu prévoir au juste les conséquences inévitables qu'amèneront d'abord le nouveau régime. Ce n'est que quand le décret paraîtra, ou que la loi sera votée, que nous pourrons juger le débat définitivement et en dernier ressort. Pour le moment, rassurons ceux qui redoutent l'envahissement des théâtres de toute espèce dans un nombre déplorablement illimité. Sur ce point, l'esprit français, cet esprit malin et frondeur, a déjà fait justice d'une telle exagération, témoin la charmante boutade de M. Clairville, le vaudevilliste, dont nous croyons devoir, en finissant, gratifier nos lecteurs :

J'élève autant de théâtres en France
Que l'on y voit aujourd'hui de cafés,
   J'en mets dans tous les coins,
   J'en veux dix mille au moins ;
    Dix mille directeurs
Devront avoir cent mille auteurs.
Cent mille auteurs, s'ils font tous cinq ouvrages,
C'est cinq cent mille ouvrages qu'on fera...
Bientôt Paris, si je tiens mes promesses,
Se couvrira d'artistes et d'auteurs ;
Car pour jouer mes cinq cent mille pièces,
Il me faudra quatre cent mille acteurs,
    Dix mille directeurs,
    Vingt mille régisseurs,
    Trente mille allumeurs,
    Quarante mille contrôleurs.
En costumiers, costumières, choristes,
Décorateurs, afficheurs et caissiers,
Musiciens, pompiers et machinistes,
C'est deux ou trois millions d'employés,
    Et mes seules frayeurs,
    C'est quand j'aurai souffleurs,
    Auteurs, acteurs claqueurs,
    De n'avoir plus de spectateurs.

Au surplus, comme dit Georges Brown dans la *Dame Blanche* : « Observons, et puis attendons. »

P. S. — Le décret sur la liberté des Théâtres vient de paraître au *Moniteur*. Pour le moment il ne change en rien nos réflexions. Plus tard nous le verrons à l'œuvre.